La buena botella

Haciendo cerveza en casa

Jan Colombini

ISBN-13: 978-1494467562

La buena botella

Haciendo cerveza en casa

Tabla de contenido

Introducción

Este libro es una guía de preparación de cerveza completa paso a paso para principiantes. Se asume que no tienes conocimiento previo, habilidades o equipos. ¡Harás un viaje de descubrimientos a través de diferentes técnicas y argumentos para elaborar la caña perfecta!

Después de leer este libro serás capaz de impresionar a tus amigos con tus habilidades adquiridas como cervecero, mostrarles el proceso completo de preparación, comentar los distintos estilos e impresionarlos con el sabor de tu producto final: ¡una delicia ambarina y fresca!

Aviso:

No nos hacemos responsables por los daños causados en la relación con tu esposa/esposo/novio/novia por el tiempo que pases preparando cerveza, en lugar de atender las necesidades de los compañeros antes mencionados; o por el tiempo que pases ebrio recostado en el sofá, ya quela cerveza que preparaste era «simplemente demasiado buena para detenerse en la primera».

Los fondos gastados en ingredientes de cerveza/equipos de preparación no serán reembolsados, incluso si se suponía que eran «para la boda» y han dado como resultado que duermas permanentemente en el sofá.

Las quejas recibidas de esposas/esposos/novios/novias con respecto a que la casa literalmente huele como una fábrica de cerveza serán completamente ignoradas e inmediatamente borradas o quemadas.

Botellas que explotan, derrames de cerveza, cerveza de sabor extraño y «un desastre pegajoso en la cocina» son peligros que corre el cervecero casero y no se admite ninguna responsabilidad; pero sí queremos hacer una de advertencia: preparar cerveza en casa es altamente satisfactorio, una gran diversión y un tanto adictivo.

¡Comprar este libro puede ser el catalizador que inicie un muy largo y fructífero pasatiempo, que

puede acompañarte durante muchos de los años
venideros!

8

La historia de la cerveza

La cerveza fue la primera bebida alcohólica conocida por la civilización antigua. Los historiadores creen que la afición del hombre por la cerveza (y otras bebidas alcohólicas) fue un factor en el cambio evolutivo de una sociedad de cazadores y recolectores nómadas, a una sociedad que se estableció para cultivar. Aunque es imposible saber exactamente cómo comenzó a elaborarse la cerveza, una cosa es segura: la cerveza ha estado aquí durante muchos miles de años.

Antes del 1000 a. C.

Algunas jarras antiguas encontradas en lo que ahora es Irán fueron examinadas por científicos expertos que demostraron que contenían rastros evidentes de que habían servido como recipientes para fermentar. Se determinó que estas jarras tenían más de 7000 años de antigüedad.

La cerveza (o más específicamente la ale) fue una parte vital de la civilización en muchas culturas antiguas, que se remonta incluso a las fechas de la temprana Babilonia (2300-1650 a. C.),e incluso más lejos aún, como a la era egipcia (3100-330 a. C.).

Egipcios

La cerveza era muy importante para los egipcios, tanto que crearon un jeroglífico específico para «preparador de cerveza»—personaje normalmente tenido en muy alta estima dentro de la población— y se exhibía en muchos de sus murales.

Los egipcios se reunían en una «casa de cerveza» al anochecer (¡es divertido ver como algunas cosas nunca cambian!), y cuando un egipcio adinerado iba a una taberna o a un banquete de cerveza, no era raro que viajara con dos esclavos y una hamaca. Si se emborrachaba mucho podía pasar su resaca durmiendo mientras era cargado a casa. Era bebida tanto por jóvenes como ancianos, ricos y pobres. Aunque era una bebida icónica para la gente pobre, la realeza obtenía su cerveza preparada comercialmente y servida en hermosas copas de oro.

La cultura egipcia le daba otros muchos usos a la cerveza, se usaba por ejemplo tanto para curar enfermedades como para su prevención. Existe un documento médico escrito en el segundo período egipcio intermedio (fecha alrededor del 1600 a. C.) que incluye cerca de setecientas prescripciones, de la cuales unas cien contenían cerveza entre sus ingredientes. También era necesaria en las provisiones de los entierros para el viaje al más allá.

Los egipcios solían preparar su pan con masa rica en levadura, que también se usaba como el ingrediente principal para elaborar la cerveza. El pan ligeramente cocinado se desmenuzaba y posteriormente se colaba a través de un tamiz con agua. La cerveza dulce se conseguía entonces usando miel o jengibre, y se condimentaba después con dátiles u otras frutas, para ser finalmente guardada en grandes potes de arcilla.

Babilonios

Sentían tanta pasión por su cerveza que un preparador incompetente podía ser ahogado en su propia mezcla si no cumplía con los estándares. Afortunadamente, la preparación en casa es mucho menos peligrosa actualmente.

Los babilonios aprendieron a preparar veinte tipos diferentes de cerveza. Todos eran bastante oscuros y opacos, ya que no filtraban la cerveza, y como resultado el residuo era espeso y muy amargo. Para que al consumir la cerveza este residuo no llegara a sus bocas utilizaban pajitas.

Un rey babilonio decretó un conjunto de leyes, una de las cuales otorgaba raciones diarias de cerveza a los individuos basándose en su posición social. Los obreros básicos obtenían un promedio de 50 litros viejos (poco menos de un litro actual) por mes, un pastor obtenía 80 litros e incluso los bebés tenían su propia ración de cerca de 10 litros por mes.

Los babilonios incluso usaban la cerveza como moneda. En sus inicios, se pagaba a los trabajadores tanto con cerveza como con moneda, incluso se aceptaba como pago para impuestos.

1000 a. C.-año 0

Griegos y romanos

Los egipcios enseñaron a los griegos el proceso de preparación de la cerveza. Los griegos, siendo bebedores de vino, no estaban muy impresionados. Sin embargo, la cultura siguió adelante y finalmente los griegos enseñaron a la civilización romana el proceso de preparación, que a su vez pasó los secretos a las tempranas tribus anglosajonas. Los antiguos griegos y romanos sí preparaban cerveza, pero para ellos, el vino era civilización y la bebida de los dioses. Tanto es así que calificaron a todos los bebedores de cerveza como bárbaros y gente «incivilizada».

Aunque siempre se consignaba en segundo lugar tras el vino, la cerveza fue sin duda consumida dentro del Imperio romano. Los romanos dedicaron sus esfuerzos a producir más vino y plantaron más viñedos. En áreas donde las viñas no podían crecer, normalmente por la calidad del suelo o el clima, cultivaban cereales con los cuales se hacían las mezclas para fabricar cerveza. La cerveza solo se preparaba en las áreas externas del Imperio romano donde el vino era difícil de obtener, la mayoría de la cerveza producida era entregada a las legiones romanas.

Probablemente, la preparación de cerveza en Bretaña ya estaba bien establecida cuando los romanos llegaron en el 54 a. C., y ciertamente continuó con ellos.

Alemanes

Ánforas de cerveza (grandes contenedores en forma de vasija) encontradas cerca la ciudad de Kulmbach, en Alemania del Este (unas doscientas millas al este de Fráncfort), probaron que la cerveza de trigo llegó a tierras alemanas alrededor del 800 a. C. Los habitantes locales se referían al estilo de cerveza como *weissbier,* que simplemente significaba «cerveza de trigo». Las mujeres fueron las primeras preparadoras de cerveza en Alemania, y esta se elaboraba solo con agua fresca calentada y con los mejores granos.

La popularidad de esta bebidas e incrementó y decreció durante este tiempo debido a un empeoramiento de los cultivos, lo que condujo a períodos de escasez. La cerveza se elaboraba con cualquier trigo sobrante después de hacer suficiente pan para satisfacer las necesidades de las personas. Por lo tanto, en tiempos de escasez, en los que había una gran reducción del trigo disponible, también se reducía su producción. La cerveza de aquellos tiempos no se podía conservar mucho antes de que se estropease; era una cerveza turbia y lisa, muy distinta a las cervezas de hoy.

1-500 d. C.

Cristianismo

El proceso de preparación de la cerveza y su popularidad crecieron muy rápido durante el ascenso del cristianismo gracias al rol desempeñado por los monjes en su producción. La elaboración de cerveza para su comercio se inició en los monasterios por monjes, construyeron cervecerías con el fin de brindar los medios necesarios a los viajeros y peregrinos para alimentarse y refugiarse.

El cultivo de cebada empezó a expandirse, viajando lentamente al norte y oeste y, como era de esperar, la preparación de cerveza también.

Los monasterios se convirtieron en centro de agricultura, negocios y conocimiento. A medida que este aumentaba, sus métodos de preparación evolucionaron y mejoraron su proceso, lo cual les produjo mayores ganancias. Eran capaces no solo de financiar a peregrinos y otros viajeros, sino a comunidades enteras. La cerveza y su preparación se convirtieron en valiosos bienes dentro de la comunidad y la vida monástica. Finalmente, la riqueza generada hizo que los viajeros nómadas se establecieran en las villas, con los residentes ganando salarios por sus establos y a menudo siendo pagados con la cerveza misma.

Edad Media: 500-1500 d. C.

Durante la Edad Media, las bebidas alcohólicas eran muy populares. Dado que la pureza del agua podía variar, parte del proceso de preparación involucraba su hervido, lo cual eliminaba la mayoría de las impurezas. Durante este tiempo, una vez más fueron los monjes los que consiguieron todos los avances en la preparación de la cerveza. Fue durante el inicio del siglo VI cuando las cervecerías para comercio a gran escala comenzaron a llevar esta bebida al siguiente nivel, de nuevo gracias al entusiasmo y dedicación de los monjes de esta época. Ellos preparaban cerveza con propósitos nutricionales; bebían hasta 8 y 9 litros por día durante los largos períodos de ayuno. Los monjes continuaron experimentando con distintos estilos e ingredientes, capitalizando la industria de la cerveza de este tiempo.

También se les atribuye la adición de lúpulo en el brehaje y el descubrimiento de sus cualidades preservativas y su sabor amargo. Esto hizo más fácil almacenar cerveza de calidad durante períodos mayores de tiempo y le dio a su producto ventaja sobre otros también destinados a la venta. Pero esta técnica fue adoptada con mucha lentitud y no fue popular durante un tiempo debido a la dificultad de añadir las proporciones correctas.

Se cree que durante la Edad Media existieron hasta 500 cervecerías monásticas solo en Alemania.

Fue al final de la Edad Media (1400) cuando se introdujo la fermentación baja a las cervezas y se almacenaron a temperaturas más frías en lugares como cuevas en los Alpes. Aunque esta técnica no fue muy popular durante un largo período de tiempo, este fue el comienzo de lo que ahora conocemos como lager.

En Inglaterra, por otro lado, la receta clásica de fermentación alta era la preferida, y la ale continúa siendo extremadamente popular hasta hoy en día.

1501-1600

Para el siglo XVI, el uso del lúpulo como conservante en la cerveza se había expandido enormemente.Era mucho más efectivo(y daba mejor sabor) que los conservantes de hoja o corteza usados anteriormente.

La excepción principal era Alemania, donde el 23 de abril de 1516 se decretó el Reinheitsgebot. También conocido como la «Ley de Pureza Bávara» o la «Ley de Pureza de la Cerveza Alemana», el Reinheitsgebot era una regulación que prohibía la adición de ingredientes en la producción de cerveza. El texto original declaraba que solo se permitían cebada o trigo, agua y lúpulo en el proceso de preparación. La levadura también estaba permitida, dado que era considerada un ingrediente clave en el proceso de elaboración, pero sus funciones eran desconocidas en aquel el momento. Seguidamente, el precio de la cerveza se fijo a 1-2 peniques por Maß (1 Maß equivale a 1,069 de un litro moderno).

El Reinheitsgebot fue introducido principalmente para prevenir la competencia por los precios del el trigo y la cebada con los panaderos.

1601-1700

Fueron los primero años del siglo XVIII los que vieron la llegada de diferentes clases de cerveza; stouts y porters(cerveza negra). Antes de esta fecha, en Londres era típico de los elaboradores despachar sus cervezas muy jóvenes (¡la cerveza, no los cerveceros!) y cualquier añejamiento era hecho bien por el tabernero o bien por el comerciante. La porter fue la primera cerveza añejada en la cervecería y luego despachada lista-para-beber. Poco después, otra popular cerveza negra empezó a elaborarse en los muelles del sur de Dublín. En 1759, Arthur Guinness empezó a preparar ales en la cervecería St. James's Gate, Dublín, y el 31 de diciembre de 1759 firmó un contrato de arrendamiento de 9.000 años a £45 anuales por la cervecería abandonada. El siglo XVIII también vio la llegada de la India pale ale.

En 1691, John Lofting, un inventor holandés, ideó un mecanismo para bombear la cerveza. Anteriormente, la cerveza normalmente se vaciaba en jarras en la bodega y luego se llevaban al bar principal. La invención de este motor permitía al usuario bombear manualmente la cerveza desde un contenedor en la bodega de la taberna, lo que hizo que su despacho fuera mucho más eficiente. Posteriormente, el motor fue desarrollado por Joshep Bramah en 1785. La bomba de manija montada en el bar, con su presilla mostrando la cerveza en oferta, se mantiene como una vista familiar e icónica en la mayoría de las tabernas inglesas hasta nuestros días.

1701-1800

Durante el final del siglo XVIII, muchos otros avances tecnológicos surgieron de las grandes cervecerías de porter en Londres, tales como el uso del termómetro (cerca de 1760), el hidrómetro (1770) y atemperadores (cerca de 1780) (un atemperador, en su nivel básico, es una bobina de tubo a través de la cual corre agua caliente o fría, se usa para regular temperatura).

1801-1900

El Acto de la Casa de Cerveza de 1830 fue decretado con la intención de incrementar la competencia entre cerveceros, y permitía a cualquiera elaborar y vender cerveza, ale o sidra, ya fuese en un establecimiento público o en casas particulares. Todo lo que tenían que hacer era obtener una licencia por el modesto precio de dos guineas (poco más de £2). Esto dio como resultado que cientos de nuevos locales públicos, casas de cerveza y cervecerías fueran abiertas por todo el Reino Unido.

Uno de los mayores descubrimientos para la preparación de cerveza se hizo a mediados del siglo XIX. Louis Pasteur fue el primero en proponer una explicación de cómo funcionaba la levadura. Según sus investigaciones, el proceso de fermentación a temperaturas más frías no permitías obre vivir a las bacterias que normalmente cubrían la cerveza. Esto terminaba por darle un sabor mucho más limpio y fresco.

1901-2000-presente

En los inicios del siglo XX, preparar cerveza era todavía una operación a pequeña escala. Para que su elaboración diera el siguiente paso se necesitaba la refrigeración moderna.

La refrigeración vino como cortesía de muchos inventores diferentes a medida que las técnicas de enfriamiento cambiaron y se desarrollaron. El primer método conocido de refrigeración artificial fue inventado por William Cullen en 1756. En 1842, un físico americano, John Gorrie, diseñó el primer sistema de refrigeración que utilizaba agua para producir hielo.

El primer uso de la refrigeración mecánica a escala industrial en los EE.UU. fue para preparación de cerveza, para 1891 casi todas las cervecerías estaban equipadas con maquinas refrigerantes. La Compañía Cervecera de los Hijos de S. Liebmann en Brooklyn, New York, fue la primera en usar máquinas de absorción en 1870.

En los Estados Unidos, donde la industria cervecera estaba bien establecida para este tiempo, estaban experimentando la edad dorada, ya que la cerveza era un brebaje altamente popular entonces. La introducción de prohibiciones alcohólicas y su reforzamiento lo cambiaron todo. Durante este período, las cervecerías tenían que sobrevivir de sus ventas de productos no alcohólicos tal como la leche malteada, el helado y cervezas no alcohólicas; pocos establecimientos sobrevivieron.

La prohibición duró hasta 1933. Poco después tuvo lugar la siguiente innovación de importancia: en 1935 la cerveza en lata hace su debut.

Antes de las latas, la cerveza solo estaba disponible en botellas de vidrio o en barriles. La introducción de las latas ahorró una asombrosa cantidad de peso y espacio para las exportaciones en tiempos de guerra. Las latas tenían también otras ventajas, podían apilarse y eran más resistentes que las botellas de vidrio, que normalmente se tenían que devolver para rellenarlas.

La popularidad de la cerveza cambio rápida y constantemente desde los 50, 60 y 70. La draught ale fue la cerveza preferida a lo largo de la mayoría de los 50, pero le seguía de cerca la pale ale como la bebida alcohólica número uno del Reino Unido. Los 60 vieron el ascenso en popularidad de la draught ale, que fue luego superada por la lager en los 70. Esta creciente popularidad de la lager disparó reacciones tan fuertes de los bebedores puristas de ale que cuatro de ellos formaron una organización llamada CAMRA (Campaña para la real ale, siglas del inglés original Campaign for Real Ale).

La CAMRA realizó un excelente trabajo llamando la atención sobre la real ale, pero aun así, desafortunadamente, este tipo de cerveza sufrió durante muchos años un descenso de su popularidad a lo largo de los 70 y los 80.

Actualmente, por primera vez en cincuenta años, la venta de lager, que parecía tener una popularidad sin límites, ha disminuido sus ganancias. Aún se mantiene como la variedad de cerveza más bebida con diferencia, sin embargo, las ventas de lager bajaron un 11,5 % desde 2006 hasta 2012. En contraste, el volumen de ventas de la sidra ha crecido un 24 % en el mismo período. Mientras que la disminución también afecta las ganancias de la venta de ale, ha habido un auge masivo en las cervezas más oscuras y de alto resultado condicionadas en barril, lo que ha ocasionado que el número de micro cervecerías se llegue hasta 880el Reino Unido.

¿Podríamos estar asistiendo a la decadencia/debilitamiento del consumo de lager y al inicio del auge en el de los ales de especialidad y buenas sidras? Solo el tiempo lo dirá.

Tipos de cerveza: los dos tipos principales

Lager y ale

¿Cuál es la diferencia entre lager y ale?

Nunca deja de sorprenderme cuántas respuestas pueden darse a esta pregunta. Parece haber mucha confusión entre los factores que hacen que una cerveza sea una lager o una ale. Esto puede ser debido a que hay tantas variaciones en los ingredientes y procesos de elaboración de ambos tipos de cerveza que la línea parece unirse. El contenido alcohólico, claridad, color y dulzura no son factores decisivos en la catalogación del tipo de cerveza. La única diferencia entre una lager y una ale es la levadura que se usa.

La lager se hace con levadura de fermentación baja. Esta cepa de levadura fermenta a temperaturas más bajas que la levadura de la ale y se deposita en el fondo del tanque durante el proceso.

Por otro lado, para la ale se usa levadura de fermentación alta, la cual sube a la superficie durante la fermentación, lo que crea una cabeza de rica levadura muy espesa.

Esta diferencia conlleva otras entre los dos tipos de cerveza que necesitan ser establecidas. La temperatura de fermentación óptima para la levadura dela lager es menor que la de la ale, normalmente entre 7° y 15 °C (de 46 a 59 °F). Es además menos activa, produce menos espuma y tarda más tiempo en completar el proceso de fermentación. Esta fermentación más fría permite a la malta y al lúpulo aportarsus sabores distintivos y producirá una cerveza con un sabor mucho más limpio y claro, no tan complejo como la de una levadura de ale. Además, la levadura de fermentación baja apenas añade sus propios sabores a la cerveza, y las temperaturas frías también impiden el desarrollo de los caracteres frutales que distinguen a muchas ales. Esto mantiene un sabor limpio y refrescante en la lager, ideal para esas perezosas tardes de de verano en la terraza de tu cervecería favorita

Curiosamente, la mayor cantidad de tiempo que se emplea en la producción de esta cerveza más ligera puede haber tenido algo que ver con los orígenes del nombre mismo. La palabra *lager* viene de la palabra alemana para «guardar».

Ingredientes

En su nivel más básico, la cerveza es una bebida de cebada malteada, fermentada y con gusto de lúpulo.

La cerveza es beneficiosa para tu salud

La cerveza es rica en vitaminas, minerales, y antioxidantes esenciales, contiene gran cantidad de vitamina B6 y considerables cantidades de otras vitaminas del tipo B, incluyendo B1, B2, B9 y B12. También está llena de carbohidratos, los cuales le dan un valor energético. Es baja en calorías y no contiene grasa o colesterol.

Hay cuatro ingredientes básicos que constituyen la cerveza, pero se puede añadir una amplia gama de ingredientes adicionales o remplazar algunos por otros (tal como el azúcar por miel).

Agua

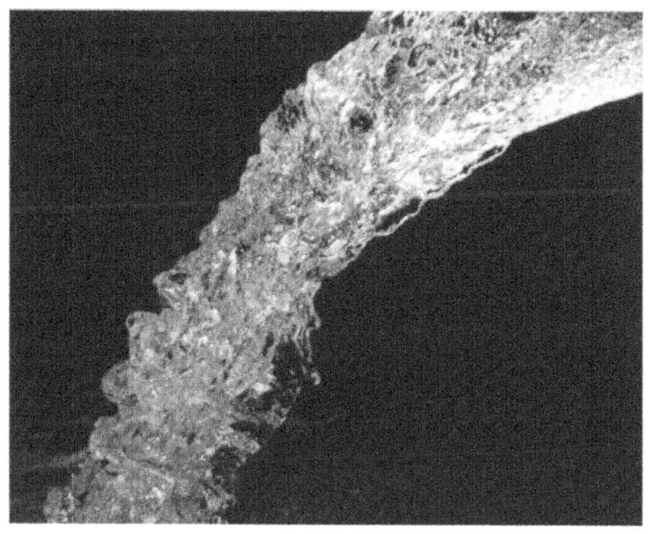

Puede parecer un tanto trivial, pero el agua, pero el agua es el ingrediente principal en la cerveza. Incluso en las cervezas más fuertes constituye más del 90 % de lo que estás bebiendo.

No es solo cantidad lo que agua brinda a la cerveza, contribuye de manera fundamental al sabor (el agua dura y el agua blanda saben distintas) y a la fuerza (la fermentación es más efectiva con agua de mejor calidad) general de la mezcla final.

El contenido mineral del agua usada también tiene efecto en la cerveza debido a la forma en que la levadura reacciona con estos. Básicamente, cuanto mejor sea el ambiente que brindes a tu levadura para prosperar, mejor funcionará. Una levadura fuerte y sana, con una gran antigüedad, convierte más azúcares en alcohol, y por lo tanto produce una cerveza más fuerte y con gusto más lleno.

La razón de que algunos lugares, pueblos o ciudades sean asociados con buena cerveza es porque tienen una excelente fuente de agua. La Guinness es una de las principales, pero aunque se rumora en Irlanda la Guinness se hace con agua del cercano río Liffey, esto es en realidad falso, ya que el agua que usan se extrae de unas montañas al sur de Dublín.

Generalmente, se prefiere el agua dura para la preparación de la Light Ale y Bitter, mientras que el agua blanda es mejor para la lager o cervezas negras.

Malta

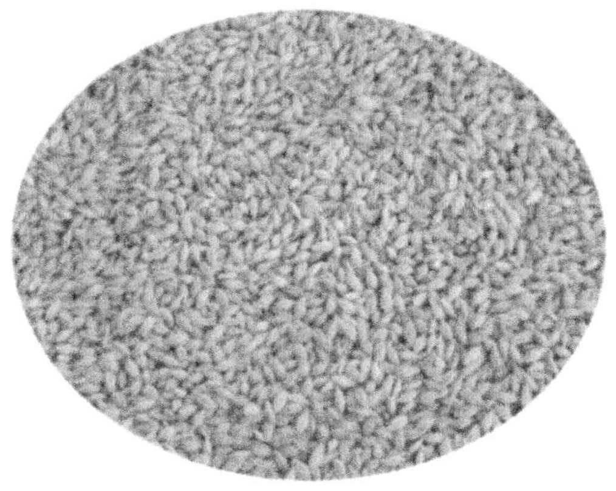

La cebada es un ingrediente tan esencial para la cerveza como la uva lo es para el vino. La cebada (*Hordeumvulgare*), es un cereal cuya espiga es la inflorescencia y se considera la prolongación del tallo. Brinda el azúcar y la mayoría del sabor y color de la cerveza. Sin embargo, los azúcares fermentables de la cebada están atrapados en una fuerte red de paredes celulares. Para liberar estos azúcares es necesario un proceso llamado malteado.

El proceso de malteado desarrolla enzimas en el grano que convierten el almidón del grano en azúcares que brindan nutrición para la levadura.

Para ello, los granos de cebada se bañan en agua tibia y se mantienen en condiciones húmedas hasta el comienzo de la germinación. Luego son rápida pero cuidadosamente secados en un gran horno, que sella los azúcares dentro.

El productor de malta tiene entonces la decisión de vender la malta como está o tostarla más, hasta que tenga un color más rico y profundo. Esto varía desde color miel a marrón muy oscuro o negro, lo que ofrece una variedad enorme al preparador final con respecto al color, sabor y aroma.

Levadura

La levadura es probablemente el ingrediente más importante en cualquier tipo de cerveza. Se malentiende y subestima a menudo como contribuidor al estado final de la cerveza.

Como de malta y de lúpulo, existen muchas variedades distintas de levadura, pero se pueden agrupar en dos categorías básicas: ale o lager. Esto se explica con más profundidad en el capitulo anterior, «Tipos de cerveza».

Hay cientos de variedades y tipos diferentes de levadura, pero solo se pueden comprar en dos formatos: levadura líquida o levadura seca. La diferencia principal es la variedad de levaduras disponibles: hay más opción en las líquidas que en las secas.

Lúpulo

El lúpulo se usa para condimentar o sazonar la cerveza, ¡aunque hace mucho más!

En la preparación de la cerveza se usan solo las flores de la planta de lúpulo *(Humuluslupulus)*, ignorando las hojas. El lúpulo es un miembro de la familia del cáñamo. Las plantas pueden crecer a grandes alturas, ¡a menudo excediendo los cinco metros!

En la cerveza, el lúpulo contribuye al aroma, amargura, aporta propiedades conservativas (es un conservante natural) y ayuda a equilibrarlos sabores dulces de la malta. De otra forma, tu cerveza tendría un sabor dulce como el jarabe. La amargura del lúpulo depende de la cantidad de ácidos alfa que contenga.

Hay muchas variedades de lúpulo, todas con un sabor y cualidades ácidas diferentes, pero normalmente se dividen en dos categorías: amargo y aromático. El lúpulo amargo tiene un mayor porcentaje de ácidos alfa que el aromático, mientras que el aromático acentúa el aroma más que el sabor.

Los diferentes lúpulos se añaden en momentos distintos durante la preparación de la cerveza. Los saborizantes se suelen añadir entre 10 y 30 minutos antes de que hierva la mezcla, los aromáticos normalmente se añaden en los últimos minutos de hervor o cuando ya ha dejado de hacerlo (*véase* el capítulo «Técnicas de preparación»).

El lúpulo que se añade antes tendrá tiempo para descomponer los ácidos y contribuye principalmente a la amargura de la cerveza. Los aceites del que se añade más tarde en el proceso tendrán menos tiempo de hervir (normalmente se evapora entre 10 y 30 minutos) y variarán los resultados en la amargura, sabores, y aromas.

El lúpulo añadido en los últimos minutos no descompondrá sus ácidos, sus aceites se mantendrán en el mosto y esto contribuirá principalmente al aroma, pero también dará un poco sabor a lúpulo. La cerveza no sería cerveza sin los lúpulos: estos son los que proporcionan el equilibrio.

Equipos

Absolutamente esencial

(No puedes elaborar cerveza sin ellos)

- Cubo de fermentación
- Botellas, tapas y una tapadora – si usas botellas de vidrio(las mejores son las botellas de vidrio, pero las plásticas con tapa de rosca funcionan también)
- Tubo trasvasador de líquidos
- Olla para hervir (una cacerola grande también funcionaría)

Muy útil

(Altamente recomendado, hacen la vida mucho más fácil, así que trata de no escatimar si es posible)

- Termómetro(s) (esencial si no estás trabajando con un kit)
- Hidrómetro
- Borboteador

Lujos extra

(No son necesarios, pero su uso facilita mucho la tarea)

- Espátula oxigenadora
- Cepillo de botella
- Llenadora de botellas
- Tubo rígido de embotellado
- Enfriador de mosto

Absolutamente esencial

Cubo de fermentación

Un cubo de fermentación es solo un contenedor grande, y se comercializa en una miríada de tamaños diferentes, desde 5 l a 60 l. Los puedes encontrar específicos para la preparación de cerveza bastante costosos, pero también puedes usar cualquier contenedor de calidad apto para uso alimentario, de plástico y que tenga tapa. Hay algunos en el mercado que cuestan sobre 15 € con grifo y borboteador. Por ese precio, puede que no duren mucho, pero sería una gran forma de empezar.

Botellas, tapas y una embotelladora

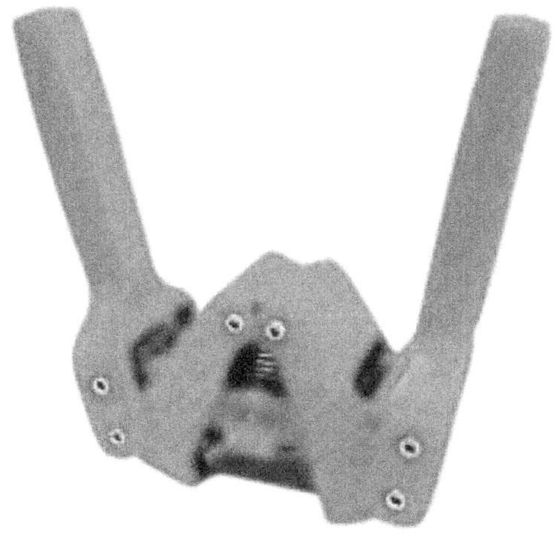

Las botellas de plástico son mucho más baratas que las de vidrio, pero ambos materiales tienen sus ventajas:

Ventajas de las botellas de vidrio

Los contenedores de vidrio protegen mejor el sabor natural de la cerveza. El plástico es ligeramente poroso y con el tiempo el dióxido de carbono pasará a través del plástico de la botella dejando que entre oxígeno, lo que dará como resultado una cerveza sin gas y oxidada.

Las botellas de plástico también permiten que la luz ultravioleta llegue a la cerveza, mancillando el sabor. Tendrías por lo tanto que guardarlas lejos de la luz solar directa y, si es posible, en un lugar oscuro.

Esto significa que con las botellas de vidrio podrás almacenar tu cerveza durante mucho más tiempo, ya que el sabor no se perderá tan deprisa (lo cual no es un problema para mí; ¡mi cerveza desaparece demasiado rápido!).

Puede que tengas que invertir más dinero en botellas de vidrio, pero superarán por mucho incluso a los mejores contenedores de plástico. El vidrio es más resistente, deja ver mejor su contenido y es, simplemente, más placentero que el plástico.

Se ha documentado que las botellas de vidrio verde dejan un sabor particular en la cerveza si permanece mucho tiempo en la botella, aunque personalmente no lo he comprobado.

Ventajas de las botellas de plástico

No hay nada malo en el plástico siempre y cuando estés usando botellas de plástico aptas para uso alimentario y diseñados para resistir el esfuerzo de líquidos carbonizados y presurizados.

Los contenedores plásticos de cerveza son mucho más baratos que los de vidrio, y son perfectos y accesibles para la mayoría de los cerveceros primerizos.

Las botellas de vidrio pueden desgastarse y rajarse con el tiempo, lo cual puede ser peligroso si no se examinan cuidadosamente antes de cada uso. Una botella que tenga un rasguño profundo o una grieta puede que no soporte las presiones considerables a la que es sometida por la carbonación, y podría explotar causando daños. Una botella de plástico puede causar un desastre, pero no habrá fragmentos de vidrio voladores.

Tubo trasvasador de líquidos

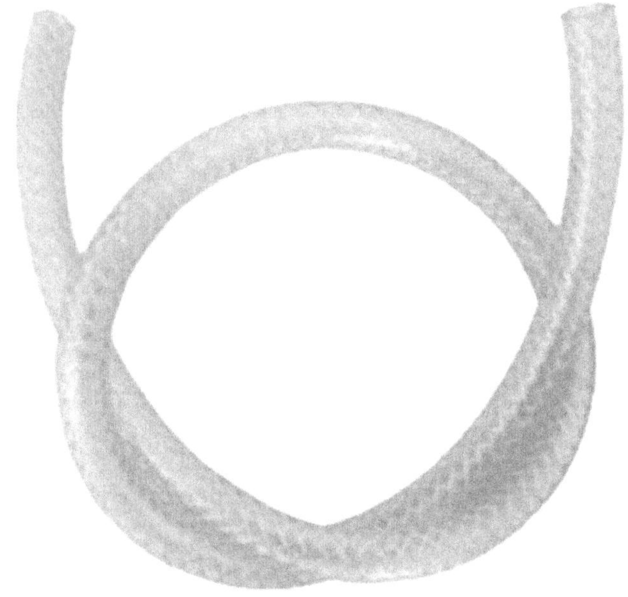

Si estás preparando una cantidad pequeña de cerveza y necesitas transferir el mosto de un contenedor a otro, puedes tener la tentación simplemente de vaciar uno en el otro. Estano sería la mejor técnica, ya que necesitas proteger el mosto de las bacterias exteriores y tratar de mantener la temperatura tan constante como sea posible. Para ello usarás un tubo trasvasador de líquidos; cuanto más muevas el mosto, o si le añades algo, mayor es la posibilidad de que las bacterias lo arruinen.

Olla para hervir (una cacerola grande también funcionaría)

Una buena olla para hervir permitirá que el calor circule uniformemente, lo que evita que se queme el mosto. Asegúrate de no llenarla completamente, con esto evitarás posibles derrames que pueden ser difíciles de limpiar.

Tienes dos opciones principales:

Ollas de aluminio

La ventaja principal de utilizar ollas de aluminio es que son mucho más baratas que las de acero inoxidable.

Son más livianas que el acero inoxidable, y por lo tanto más fáciles de transportar.

El aluminio es un mejor conductor del calor, así que calentará y enfriará el mosto con más velocidad. Sin embargo, el aluminio se oxida más fácilmente, por lo que necesitarás ser más cuidadoso con los productos químicos que usas para limpiarlo.

Ollas de acero inoxidable

El acero inoxidable tiene una calidad mayor que el aluminio, y por lo tanto es más caro. Con las ollas de este material puedes usar una variedad mucho más amplia de limpiadores ya que, a diferencia del aluminio, no se oxidan, son más resistentes y durarán más. Son un poco más pesadas que las de aluminio, así que puede ser más incómodo trasladarlas de un lado a otro si estás preparando grandes cantidades de cerveza.

Muy útil

Termómetro

Hay montones de termómetros diferentes disponibles: desde digitales a analógicos, de mango corto o largo. Mientras puedan soportar temperaturas que varíen entre 10° y 150°,te serán útiles. Adquiere uno básico que se vea sólido y seguro que será el correcto. Si tienes oportunidad, trata de conseguir uno que registre tanto temperatura mínima como máxima, tiene sus ventajas, pero no es necesario.

Hidrómetro

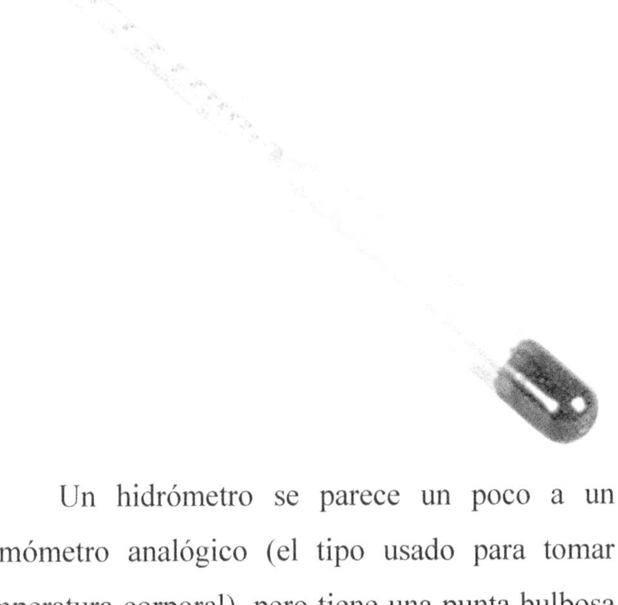

Un hidrómetro se parece un poco a un termómetro analógico (el tipo usado para tomar temperatura corporal), pero tiene una punta bulbosa que flota. Se usa para medir la densidad del líquido en el que se sumerge. Cuanto más denso sea el líquido, menos se hundirá el hidrómetro en él. En la parte más estrecha hay una escala que te permitirá saber exactamente cuánto se hunde o flota el hidrómetro.

¿Cómo funciona?

Cualquier objeto que se sumerge en líquido se mantendrá a flote por la misma fuerza del peso del fluido que esté desplazando. Cuanto más pesado sea el volumen del líquido, menos cantidad necesita ser desplazada para que iguale el peso del hidrómetro, por lo que este se hunde menos.

¿Qué relación tiene con la preparación de cerveza?

Cuando el mosto está fresco (antes de añadir levadura) contiene gran cantidad de azúcares de la malta y cualquier otro que pudieras haberle agregado. El azúcar es más denso que el agua, y por lo tanto la mezcla de ambos pesará más. Una vez que la levadura haga su trabajo, se empezarán a transformar los azúcares en alcohol por el proceso de fermentación *(véase* el capítulo «Fermentación»). El alcohol pesa menos que el agua (alrededor del 20 % menos) y por lo tanto, cuantosmás azúcares sean convertidos en alcohol, más ligero será el mosto y menos de hundirá el hidrómetro.

Al final de todo el proceso, usando la primera medida de densidad del mosto, densidad inicial o DI (conocida también como gravedad original u *original gravity* en ingles), comparándola con la última medida, la densidad final o DF (gravedad final) y haciendo un simple cálculo, podemos averiguar cuánto azúcar se ha transformado en alcohol y saber el porcentaje de alcohol por volumen de cerveza.

DI -DF x 131 = alc./vol. %.

Realiza mediciones regulares de la gravedad de tu mosto y cuando veas que las cantidades se mantienen iguales durante un par de días, y veas que están cerca de la gravedad final de tu receta, sabrás que está listo.

Borboteador

Una borboteador es básicamente una válvula de una sola dirección. Su propósito es permitir la salida los gases producidos por la fermentación, mientras que previene que oxígeno entre al contenedor de la mezcla y potencialmente arruine tu cerveza. Hay dos tipos principales que puedes comprar, pero ambos hacen exactamente el mismo trabajo:

- Borboteador con forma de S
- Borboteador de tres piezas

No hay muchas diferencias entre los dos tipos en precio o facilidad de uso. La esclusa de tres piezas es más fácil de limpiar, aunque que yo he usado casi siempre la que tiene forma de S. Ambas funcionan bien y son poco costosas, así que su elección es cuestión de gusto personal.

Lujos extra

Espátula oxigenadora

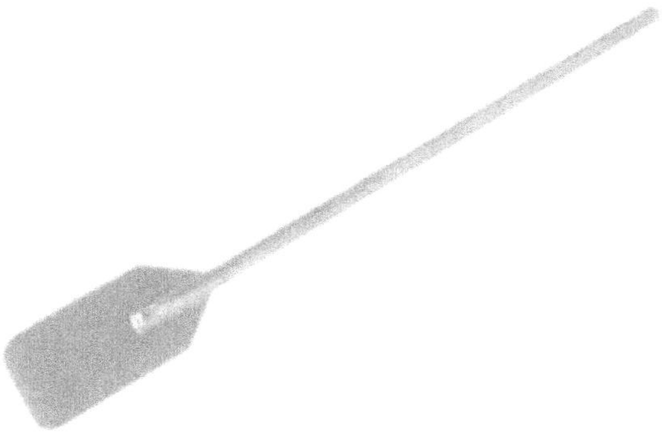

Una pieza de equipamiento simple para la preparación de cerveza, normalmente hecha de plástico o madera, y que se usa para mezclar el mosto y eliminar cualquier bola de malta seca. Es como una cuchara grande. Personalmente yo uso una simple cuchara grande de madera.

Cepillo de botella

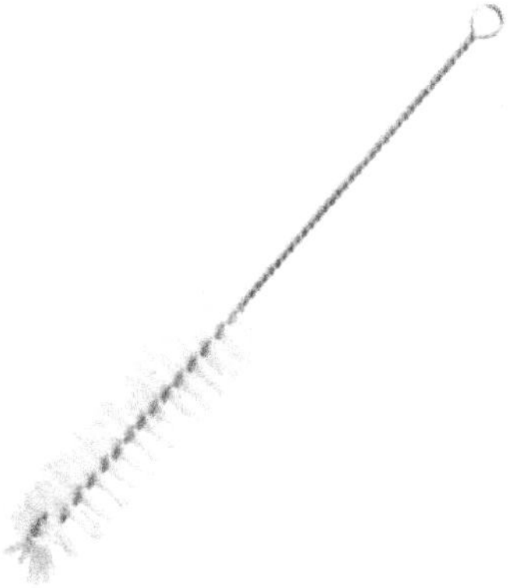

Su uso es bastante intuitivo: es un cepillo que se usa para limpiar las botellas.

Llenadora de botellas

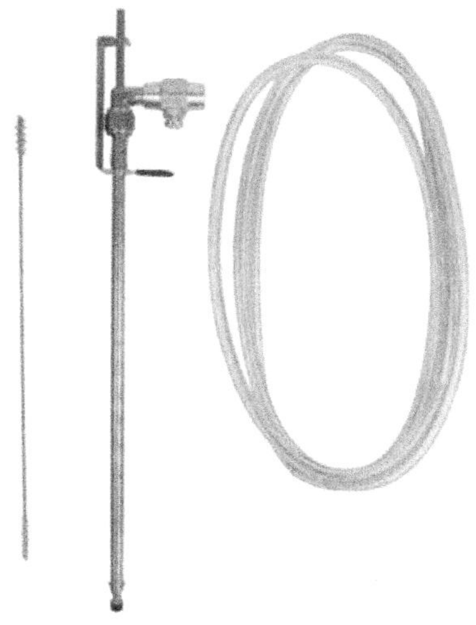

Una llenadora de botellas es básicamente un tubo rígido con una válvula en la punta que cuando se presiona permite que el líquido fluya al interior. Su uso es muy sencillo: introduces la llenadora en una botella, la empujas y ves como la botella se va llenando. Cuando esté completa retira el tubo, y quedará justo la cantidad correcta de de aire hasta el tope.

Tubo rígido de embotellado

Es un tubo de plástico doblado en un extremo. Se utiliza para pasar cerveza de un contenedor a otro (lo que se conoce como *racking)*. Facilita el trasvase de líquidos entre recipientes sin que caigan todos los sedimentos que se asientan en el fondo.

Enfriador de mosto

Un enfriador de mosto (como el nombre sugiere) se usa para enfriar rápidamente el mosto hirviente. Mientras que el mosto hierve, las bacterias no se reproducen por efecto de las altas temperaturas, pero empezarán a hacerlo a temperaturas más bajas. Por lo tanto, necesitas enfriar el mosto tan rápido como sea posible para reducir el riesgo de infección y oxidación. Hay dos tipos principales de enfriadores de mosto.

- Enfriadores de inmersión
- Enfriadores de contraflujo

Enfriadores de inmersión

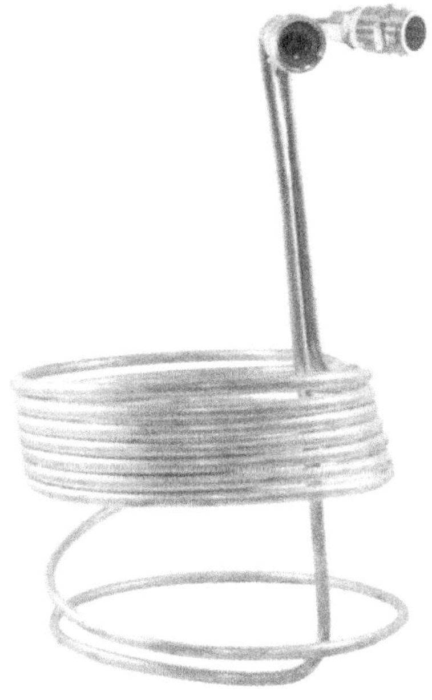

El mejor para empezar es el enfriador de mosto por inmersión, que no es más que una bobina de metal (normalmente cobre). La bobina entera se coloca directamente en el mosto y se bombea agua fría a través de la tubería. A medida que atraviesa la bobina, esta absorbe y se lleva el calor hasta que el mosto se haya enfriado. Es un diseño simple y básico que podrías recrear fácilmente en casa en lugar de comprar uno.

Enfriadores de contraflujo

Un enfriador de contraflujo tiene un diseño similar al anterior, pero trabaja de una forma ligeramente distinta. En lugar de tener un solo tubo hay dos, uno dentro del otro. El mosto hirviente se pasa por el tubo interno mientras que al mismo tiempo se alimenta constantemente de agua fría el otro tubo (normalmente en direcciones opuestas). La ventaja de este diseño es que puedes (en teoría) enfriar una cantidad ilimitada de mosto sin parar.

Técnicas de preparación

Hay tres métodos principales para preparar cerveza en casa

1. Kit de cerveza

2. Extracto de malta

3. Todo grano

Haré un breve resumen de los tres procesos, pero este libro es una guía para principiantes, así que la técnica que usaremos es preparación con kit; y de esta a la de extracto de malta no hay un paso muy grande.

Pros y contras para cada técnica

Kit de cerveza

La forma más rápida y sencilla de preparar cerveza en casa es con kits. Traen todo lo necesario y lo único que necesitas hacer es pasar un rato en la cocina, revisar unas pocas veces y luego puedes dejar que la fermentación haga su trabajo.

A favor:

o	Cantidad mínima de equipos requeridos.

o	Casi siempre obtendrás una cerveza decente.

o	Buen entrenamiento.

o	Rápido y fácil.

En contra:

o	Los ingredientes cuestan más.

o	Menos control sobre la receta.

o	Otros métodos proporcionan mayor de satisfacción.

Extracto de malta

El extracto de malta es un gran compromiso entre el kit de cerveza y la preparación todo grano. Acorta mucho el trabajo necesario para extraer los azúcares de la malta cruda y es necesario menos equipo que en la preparación todo grano, pero aún tienes la libertad de seleccionar los ingredientes que quieres usar (malta, lúpulo y levadura además de otros sabores, desde frutas secas hasta chocolate; ¡tu imaginación es el límite!).

A favor:

o	Ahorra tiempo comparado con la preparación todo grano, ya que la malta ya está lista.

o	Puedes preparar la cerveza usando los ingredientes que quieras y diseñarla para que se ajuste a tus gustos.

o	Cantidad mínima de equipos necesarios (no mucho más que con el kit de cerveza).

En contra:

o	Comparado con la preparación todo grano, los ingredientes cuestan más.

o	Si se sigue una receta, puede ser algo difícil encontrar los ingredientes correctos (pero siempre puedes adecuarlos).

Preparación todo grano

Esta opción es para personas que han usado los métodos anteriores y quieren una sensación de crear cerveza desde el inicio. La técnica de todo grano involucra numerosos pasos extra. Primero necesitas conseguir los granos enteros y partirlos para lograr que germinen. Después los carbohidratos se descomponen en azúcares, el grano es lavado de estos azucares, el mosto resultante es hervido y se agrega el lúpulo, el cual podría ir añadiendo en intervalos distintos para crear sabores y aromas variados.

A favor:

o	Completo control sobre todos los ingredientes.

o	El saber que has creado una cerveza de forma auténtica y honrada, como antiguamente. ¡Igual que un profesional!

o	Los ingredientes son más baratos.

o   Produces la cerveza exactamente a tu gusto.

En contra:

o   Los equipos que necesitas son más costosos.

o   Puedes necesitar más espacio que simplemente tu cocina.

o   Necesitas mucho más tiempo para la preparación todo grano.

Tienes muchas más posibilidades de equivocarte y de que tu cerveza tenga un sabor extraño.

Breve proceso de preparación

Empezaré con una breve descripción general del proceso todo grano y luego podemos ir con la guía paso a paso para preparar tu primera cerveza usando un kit.

El método todo grano consume mucho tiempo e involucra más equipos que los otros métodos, pero eres tú quien diseña completamente la cerveza que produces.

Molido

1.	Si el grano está entero necesitarás partirlo con un molino.

Mashing (remojado)

2.	El remojado consiste en mojar el grano en agua caliente para permitir que las enzimas descompongan el almidón y los carbohidratos, convirtiéndolos en azúcar.

El líquido que se extrae después de este paso es normalmente oscuro y rico y se llama mosto.

Lautering (separar mosto y grano)

3. *Lautering* es el proceso de separar el mosto obtenido en el paso 2 del grano, dejando los granos en el fondo del contenedor donde se haga la mezcla.

Sparge (enjuague)

4. Consiste en lavar el grano resultante del paso anterior con agua para obtener el azúcar restante. El líquido que se obtenga se añadirá al mosto

La técnica de extracto de malta empezaría en este paso (dependiendo de la receta exacta), ya que lo anterior vendría ya hecho.

Hervir

5. Después del *sparge,* el líquido resultante (mosto) se hierve y se añade el lúpulo.

Los lúpulos darán diferentes resultados en función del momento en el que se añadan. Cuanto antes se añada el lúpulo en el proceso, más amargo será sabor general de la cerveza. Al añadirlo más tarde, se incrementará el sabor y aroma del lúpulo y se obtendrá menos amargura.

Desde aquí es el proceso básico para el kit de cerveza, ya que los saborizantes y el lúpulo normalmente están incluidos en el kit.

Enfriamiento

6.	En el proceso todo grano este paso es un poco más complicado, ya que el mosto necesita ser enfriado rápidamente. Mientras aún esté caliente, las bacterias no proliferarán, pero a medida que se enfríe es susceptible a la oxidación. Por lo tanto se ha de utilizar un equipo especial para enfriar el mosto. Si estás utilizando extracto de malta, sin embargo, necesitarás agregar agua adicional al mosto. Al añadir la cantidad correcta de agua fría al mosto, lo estarás enfriando rápidamente y también conseguirás la cantidad final necesaria de líquido.

Pitch (añadir la levadura)

7.	Una vez que el mosto esté a la temperatura correcta, normalmente a temperatura ambiente para la ale (18°-22 °C) y un poco más fría para lagers (7°-15 °C), puedes transferirlo al fermentador y añadir la levadura.

Fermentación

8.   Deja que fermente (el período de fermentación puede variar mucho, desde un par de días a tres o cuatro semanas), esto se explica en el siguiente capítulo.

Segunda fermentación

9.   Mi opinión es que no es necesaria, y yo nunca fermento una segunda vez (a menos que añada sabores adicionales o esté probando con una cerveza mucho más fuerte). Hay argumentos a favor y en contra que se explican en el siguiente capítulo.

Embotellamiento

10.   Transfiere la cerveza de tu recipiente de fermentación a las botellas individuales y añade un poco de azúcar para provocar la carbonación; ¡es lo que produce las burbujas!".

Deja que madure en las botellas

11.	Según la receta necesitará más o menos tiempo para madurar, pero el envejecimiento puede variar desde una o dos semanas a varios meses.

Abre y disfruta

12.	No estoy seguro de si en verdad necesito entrar en detalle para este paso.

Fermentación

¿Qué es esto?

La fermentación es un proceso natural en el cual un organismo convierte carbohidratos (almidón o glucosa) en alcohol (o ácido). En el caso de la cerveza, la levadura descompone la glucosa en el mosto en dióxido de carbono y alcohol etílico (gas y alcohol).

Esto también sucede en otros productos además de en la cerveza, tal como el vino, queso, yogur y sidra.

Técnicas de fermentación

Como se comenta más abajo, algunos cerveceros optan por una segunda fermentación en un nuevo recipiente justo después de la primera parte de la fermentación inicial. Hay argumentos a favor y en contra, pero personalmente yo siempre opto solo por la primera fermentación, a menos que esté preparando una cerveza con un contenido alcohólico particularmente alto, o usando sabores adicionales o frutas en la cerveza.

Argumentos para dos fermentaciones:

La fermentación rápida que habitualmente sucede una vez incorporada la levadura al mosto dejará mucho sedimento de levadura que se hundirá hasta el fondo del envase de fermentación. Este sedimento está compuesto por el gluten, la malta y otros componentes de la cebada, así como también por levadura muerta y otros elementos. La segunda fermentación filtra estos extras muertos que pueden mancillar el sabor de tu cerveza si se dejan por un tiempo. Se dice que el resultado es un sabor más limpio (aunque personalmente no noto diferencia).

También dará como resultado color más claro, ya que la mayoría de los desechos se eliminan antes de que puedan oscurecer la cerveza. Esto acentuará los colores del grano que se haya usado, incluso si estás haciendo cerveza oscura.

Argumentos para una sola fermentación:

La levadura debería considerarse más positivamente, no solo fermenta la cerveza sino que, una vez terminado el proceso, también y limpia cualquier producto residual que haya creado. Son estos productos residuales los que pueden causar sabores repugnantes en tu cerveza, y esta acción de la levadura permite que los sabores raros sean eliminados y proporcionen una cerveza de sabor más fresco y limpio.

También está la cuestión de los equipos extra, costo y tiempo consumido en cambiar la cerveza a un segundo envase. Necesitarías desinfectantes y limpiadores adicionales, un segundo contenedor y espacio extra. Además existe la posibilidad de que puedas infectar la cerveza si le entra suciedad y hay más posibilidades de oxidación. Incluso aunque todo salga bien, realmente no hay garantía de que la cerveza sea mejor sí de que sea peor.

Aunque hay excepciones. Cuando añadas fruta, sabores artificiales o lúpulo adicional *(dry hopping)* puede que lo mejor sea hacerlo en un envase secundario. Sin embargo, incluso estos procesos ocasionalmente se hacen en el recipiente primario de fermentación.

En cervecerías grandes, no obstante, se hace una segunda fermentación. Esto es porque el volumen de la cerveza en el fermentador ejerce una gran presión en la levadura, lo que causa sabores indeseados al no haber eliminado la levadura.

¡A preparar!

Ahora viene la parte buena. ¡Es hora de empezar! La mejor forma de empezar a preparar es con un kit, ya que es la manera más directa y fácil de hacerlo. La mayoría de los kits de cerveza vienen ya sea en paquetes de una lata única o de latas gemelas. La diferencia principal en la preparación es que solo tienes que añadir azúcar (o *brewenhancer*/extracto de malta deshidratada/dextrosa/maltodextrina, *véase*más abajo la fase «Añadir azúcar») si estás usando los kits de lata única.

Necesitarás seguir las instrucciones tan fielmente como sea posible. Sin embargo, hay unos puntos más adelante con respecto a pasos adicionales o cambios que sugeriría; son solo sugerencias y pueden ser ignoradas, pero detallaré razones para cualquier cambio a las instrucciones y te dejaré tomar la decisión final ya que, en mi opinión, experimentar es la mitad de la diversión de elaborar cerveza (¡la otra mitad es beberla!).

Prepara los equipos, enciende el quemador y sigue estas instrucciones:

Revisa que tienes todo el equipo necesario

No hay nada peor que llegar a un paso crucial en el proceso y que te des cuenta de que no tienes las herramientas adecuadas para el trabajo. El pánico atacará e inevitablemente «revolverás» con algo que no fue limpiado apropiadamente. Los equipos sin esterilizar podrían arruinar la cerveza, así que haz un ensayo sin ningún ingrediente; ¡quizás te sientas tonto revolviendo una olla vacía, pero puede salvarte de tirar a la basura docenas de pintas de cerveza!

Revisa que todo esté limpio

Todo tiene que estar bien desinfectado, y recuerda limpiar cualquier cosa que entre en contacto con tu cerveza. Fallar en la desinfección adecuada significará que los organismos vivos le darán un sabor terrible y arruinarán tu cerveza (la bacteria normal que está ahora mismo en tus manos la que causará el daño, no ningún tipo especial destruye-cerveza) dando como resultado una pérdida de tiempo, esfuerzo y dinero.

¡NO TE SALTES ESTE PASO!

Hay dos términos utilizados cuando se habla de limpieza profunda:

Esterilización

La esterilización involucra matar completamente cualquier ser vivo de tus equipos y no suele ser necesaria para propósitos de preparación casera.

Desinfección

La desinfección es el proceso en el cual se destruirán la mayoría de los microorganismos de tus equipos. Muchos de los métodos de desinfección para la preparación casera matarán a la mayoría de los organismos activos que causarían problemas a tu cerveza.

Hay muchos tipos diferentes de desinfectantes efectivos. En cualquier kit de iniciación se incluye uno, pero todos hacen el mismo trabajo. Solo asegúrate de seguir las instrucciones del kit particular y usa las cantidades correctas.

Elimina la etiqueta y calienta la lata de malta

Una vez que todos los equipos hayan sido revisados y preparados puedes iniciar el proceso.

Lo primero es quitar la etiqueta de tu lata. Esto evitará que se desprenda y caiga en tu mezcla o haga que la lata se te resbale de la mano mientras la viertes. Pon la lata en agua caliente, ciérrala y déjala reposar unos10 minutos (o un poco más si tienes paciencia). Esto aflojará la etiqueta y disolverá el extracto de malta en el interior haciendo mucho más fácil verterla.

Hierve agua

Mientras tanto hierve 3 litros de agua. Esta será parte de tu cerveza, así usa agua embotellada y no hiervas más cantidad.

Añade malta

Añade la malta (la que ha estado esperando en agua caliente) a tu cubo de fermentación o contenedor principal. ¡No la derrames! La malta es muy pegajosa y difícil de limpiar, ¡si cae en la alfombra estarás durmiendo en el sofá durante una semana! Una vez que hayas vertido toda la malta posible dejándola caer, echa un poco del agua hirviente del paso anterior a la lata y bátela de lado a lado tanto como puedas.

Añade 3 l de agua hirviendo

Añade el resto del agua hirviendo al cubo de fermentación y mezcla bien para combinar el agua y la malta.

Añade azúcar (variaciones sugeridas a las instrucciones)

En este punto (si estás usando un kit de una sola lata) la receta normalmente te dirá que añadas 1 kg de azúcar (si estás usando un kit de dos latas puedes añadir la segunda lata, ya que esta contendrá malta). Yo sugiero añadir o extracto de malta deshidratada o *brewenhancer* (normalmente una mezcla de dextrosa, maltodextrina y en algunas, extracto de malta deshidratada también) en lugar de azúcar, ya que le dará un sabor más profundo y fuerte. El extracto de malta deshidratada mejorará el cuerpo y la cabeza de la cerveza, puede aumentar el precio total de la cerveza que estás preparando, ¡pero repartido entre los 23 litros resultantes creo que definitivamente vale la pena!

Sin embargo, el resultado de la cerveza también será correcto si decides añadir azúcar.

Azúcar

El azúcar es completamente fermentable, esto significa se convertirá en alcohol en su totalidad, pero que no incrementará el cuerpo de tu cerveza. Dado que el alcohol es más ligero que el agua, tu cerveza será un poco más ligera y fina, pero con un toque alcohólico más fuerte.

Extracto de malta deshidratada

Es malta secada y reducida a un polvo fino. El secado se logra por el uso de un secador que rápidamente elimina la humedad de la malta y la convierte a una forma de polvo sólido.

El extracto de malta mejorará la calidad de cualquier kit de cerveza cuando se use en lugar del azúcar. La cerveza será menos seca, más rica, y tendrá mejor contextura, pero puede que le falte un poco del contenido alcohólico, ya que tiene menos azúcar que fermentar.

También puedes obtener extracto de malta con lúpulo, que le añadirá un toque «lupuloso» extra a todas las cervezas que hagas.

Brewenhancer

El *brewenhancer* está básicamente entre el azúcar y el extracto de malta. Es una mezcla de dextrosa seca (azúcar simple) y extracto de malta seco. En la etiqueta deben aparecer los porcentajes de cada uno. Recuerda, cuanto mayor sea el contenido de dextrosa, mayor será el porcentaje de alcohol final; cuantomás extracto de malta, mejor contextura tendrá.

Mezcla

Asegúrate de mezclar bien hasta que todos los ingredientes se hayan disuelto por completo.

Añade agua fría

Añade suficiente agua fría para llenar el tu cubo de fermentación hasta el límite indicado. Deberías necesitar poco menos de 20 l(si estás usando una receta de 23 l, algo bastante común ya que son 5 galones), ya que usaste un poco para limpiar la lata, pero recuerda que tendrás que revisar la cantidad total cuidadosamente. El cubo de fermentación debería tener una escala en un lado que mida su capacidad.

Mide con el hidrómetro

Este sería un buen momento para hacer una medición con el hidrómetro, instrumento que no puede ser más fácil de usar. Todo lo que necesitas hacer es dejarlo caer (suavemente) en la cerveza y tomar la medida de la profundidad a la que flota.

Normalmente en los kits con el hidrómetro viene un tubo de prueba que puedes llenar con cerveza. Esto significa que no tendrás que sacar una gran cantidad de ella o introducir el hidrómetro en el fermentador. ¡Asegúrate que todo está limpio y desinfectado! Llena el tubo de prueba con mosto e introduce el hidrómetro. Una vez que deje de hervir se quedará quieto a una profundidad específica de acuerdo a la densidad del mosto. Deberías ver una serie de números a lo largo del hidrómetro, toma nota de la medida y guárdalo con tu receta. A esto se le llama tu gravedad original o de inicio.

Añade la levadura (variaciones sugeridas a las instrucciones)

Lo primero a tomar en consideración cuando trabajas con levadura (de cualquier tipo) es que la levadura está viva. Necesita ser cuidada y debes asegurarte de que haces todo lo que puedes para hacerla prosperar. Si la introduces directamente en agua hirviendo, lo más seguro es que tus pequeños amigos no sobrevivan mucho tiempo.

El problema principal de los kits es que la levadura viene en un paquete pegado en la lata. Esto no sería problema a no ser que el kit haya estado colgado en las estanterías de la tienda durante un par de años. Lo primero que hay que comprobar es que la levadura tenga una fecha de caducidad; no el kit, sino el propio paquete de levadura. Si no la tiene, corta la parte de arriba del paquete, abre cuidadosamente la bolsa y echa todo su contenido a la basura. No uses levadura caducada o una que no especifique una fecha de caducidad. La levadura es una parte MUY importante de tu cerveza y una mala levadura puede convertir toda tu mezcla algo indigerible, desperdiciando tu tiempo y dinero. En caso de duda compra levadura fresca, ¡cuesta solo unos pocos euros y te ahorrará muchos dolores de cabeza!

La levadura se puede comprar en dos formas: líquida y seca. Si estás usando levadura seca siempre es mejor rehidratarla:

Rehidratando levadura seca

Calienta una taza de agua (preferiblemente hervida) a 30-40 °C y mezcla con la levadura.

Cubre la taza con un plástico y déjala reposarunos10 minutos. Ahora necesitas ver si la levadura que tienes está viva y saludable. Hierve un poco de agua, añádele una cucharada de azúcar y revuelve hasta que se haya disuelto. Deja que la combinación de agua y azúcar se enfríe.

Añade la mezcla anterior a la taza de levadura. Cúbrelo y colócalo en un área cálida. Después de media hora la levadura debería estar

espumando y burbujeando suavemente y ya está
lista para añadir al mosto.

Vierte tu levadura en el mosto.

Cubre con la tapa

Pon la tapa a tu cubeta de fermentación.

Ajusta el borboteador

Si tienes uno, ahora es el momento de
ajustar tu borboteador. Son fáciles de configurar y
debería venir con instrucciones básicas, pero todos
funcionan con el mismo principio.

Llena hasta la mitad el borboteador con agua
(debería haber una marca para que sepas dónde
detenerte).

Fuerza con cuidado el bitoque en el cuello
de tu cubo de fermentación.

De vez en cuando revisa si el agua se ha
evaporado o ha sido succionada en el cubo. Si esto
pasa, pon un poco más de agua.

Deja el cubo de preparación en un lugar frío

Ahora tendrás que dejar la mezcla reposar para que fermente. Asegúrate de que la temperatura del ambiente está dentro del rango que debería (si se prepara lager tiene que ser mucho más fría que para ale).

Comprueba después de unos días que la mezcla está fermentando

Unas pocas preguntas que deberías hacerte:

¿Cómo sé si está fermentando?

Una señal de que lo está haciendo es que se ve actividad en el borboteador, sin embargo, si esta se detiene no significa que NO esté fermentando.

Esto podría ocurrir porque la esclusa solo te dice que el CO_2 está escapando del fermentador, y la levadura puede estar transformando el azúcar en alcohol durante la fermentación tanto si el borboteadorse mueve como sino.

¿Cuánto dura la fermentación?

El tiempo de fermentación puede variar enormemente. Esto puede ser desde unos pocos días a muchas semanas, no hay un tiempo fijo para cuánto debería tardar.

¿Cómo sé cuándo ha finalizado la fermentación?

La única forma de saber con seguridad que tu cerveza ha terminado de fermentar es tomar las lecturas del hidrómetro en días consecutivos; si la lectura se mantiene, entonces está listo.

Prepara el azúcar para la carbonación

Una vez que obtengas dos lecturas idénticas en el hidrómetro durante dos días consecutivos, sabrás que tu levadura se ha comido lo último del azúcar y es el momento para el siguiente paso: ¡embotellamiento!

Lo que hacemos ahora es agregar un poco de azúcar, ya que tu cerveza ahora tendrá alcohol pero no gas. La cantidad de azúcar que añadimos brinda la efervescencia, así que es muy importante seguir las instrucciones con respecto a las cantidades. Seguro que no quieres mini bombas en tus manos.

La mayoría de los kits necesitan ¾ de una taza de azúcar por cada lote de 23 l. A continuación indico una tabla de equivalencias que te podría servir como guía, se refiere al azúcar blanco granulado:

1 taza = 200 g

1 onza = 28 g

1 cucharada = 12,5 g

1 cucharadita de café = 5 g

Por lo tanto, ¾ de taza equivalen a cerca de 150 g, los cuales normalmente sirven para 23 l de cerveza. ¡Pero revisa la receta!

Añade el azúcar a alrededor de 2 tazas de agua y lentamente haz que hierva durante5 minutos, revolviendo suavemente mientras lo haces. Añade otra taza de agua fría a la mezcla (para enfriarla), revuelve un poco y luego viértelo directamente a tu cubo. Remueve la cerveza durante un minuto o dos asegurándote de que el azúcar se haya mezclado bien con la cerveza y está lista para embotellarla.

Pasa la cerveza a botellas

Asegúrate de que todo el equipo está limpio (pido disculpas por la repetición, pero es importante). Necesitarás poner tu cubo de fermentación en alto para que la gravedad pueda ayudarte con este paso. Llena ¾ del tubo trasvasador con agua embotellada y bloquea un extremo con tu pulgar. Toma el extremo que bloqueaste y llévalo a tu primera botella antes de soltarlo. Pon el extremo vacío del tubo en la cerveza (ten cuidado de que no se derrame en ella).

Baja el otro extremo hacia del fermentador y recoge que el agua que salga en un vaso o jarra. Esto también halará la cerveza en el tubo, así que asegúrate de tapar el extremo de nuevo antes que toda la cerveza fluya. Ahora pon el extremo en la primera botella y desbloquea.

Trata de no cortar el proceso, ya que se mezclaría aire con tu cerveza y dejaría solo un par de centímetros de espacio de aire en el cuello de la botella.

Repite hasta llenar todas las botellas.

Tapa y sella las botellas

Tapa las botellas con latapadorao, si son de plástico, enróscalas. Coloca todas las botellas en un lugar oscuro y frío para que maduren.

Deja que madure

Asegúrate de que sigues la receta con respecto a cuánto tiempo tiene que añejar. Podría ser de 1 a 6 semanas. Este es el paso más difícil para mí, ya que no tengo mucha paciencia, pero créeme, trata de aguantar porque vale la pena la espera. Recetas diferentes tienen necesidades diferentes, porque algunos ingredientes tardan más tiempo para madurar.

¡Bébela!

Cuando la cerveza haya añejado lo suficiente, todo lo que tienes que hacer es poner las botellas en el refrigerador y, cuando estén frías, ¡están listas para beber!

95

Sirviéndola

Temperatura

Puedes pensar que no hay mejor forma de servir la cerveza que a temperaturas muy frías y en un vaso congelado. Por refrescante que pueda ser, una cerveza servida a temperaturas muy frías perderá mucho de sus sabores naturales y aromas sutiles. Si se sirve a una temperatura ligeramente más cálida revelará un sabor más completo y aromas que de otra forma se esconden. Esto ocurre porque las temperaturas frías entumecen el paladar haciendo que saborear sea mucho más difícil. Además, mientras más fría esté la cerveza, menos CO_2 libera, y por lo tanto también menos aromas.

La mejor temperatura para servir la cerveza en realidad depende de la cerveza misma.

0-6 °C – Cualquier cerveza donde el sabor no sea un factor primordial, quizás un lager baja en alcohol o lager pálida. Sin embargo, no habrá muchas cervezas que estén a tope a esta temperatura.

7-9 °C – Las lager que se fermentan a temperaturas más bajas también se servirán a temperaturas más bajas. Cualquier cerveza ligera, la mayoría de las lager, pilsner y algunas cervezas de trigo también se pueden servir a esta temperatura.

10-12 °C – India pale ale, pale ale, lager más oscura y brown revelan su sabor mejor a estas temperaturas.

13-16 °C – Cualquier ale normal, cervezas amargas y stouts se pueden servir a esta temperatura.

16-+°C – Cualquier ale de alta gravedad, barleywines y stouts añejadas en barril se servirán a una temperatura cercana a la ambiental.

Aunque al final, estas no son reglas fijas y por las que tengas que regirte. Cada uno tiene gustos diferentes, y si te sientes con ganas de una ale fría como el hielo en la terraza del bar, la decisión es tuya. ¡No dejes que nadie cambie tus preferencias personales!

¿Necesitas vasos?

Los vasos específicos para las cervezas son más importantes de lo que pensarías. Aunque ciertamente hay un componente de mercadeo en las colecciones de vasos, también contribuyen a mejorar el sabor y olor de tu cerveza.

Estudios científicos han demostrado que la forma de un vaso impactará en el desarrollo de la espuma y en su retención. Las diferentes cervezas necesitan diferentes niveles de retención de espuma. La espuma creada al servir la cerveza actúa como un tipo de aislante que previene que los volátiles escapen. Estos son compuestos como el lúpulo, la levadura y más aditivos que hayan sido añadidos a la cerveza, que pueden evaporarse perdiendo los sabores para crear los cuales el cervecero ha trabajado tan duro.

El vaso con la forma correcta puede incrementar el flujo de volátiles indeseados o

reducir la velocidad a la cual los favorables
escapan.

Hay literalmente cientos de vasos distintos
para cerveza y se podría escribir un libro solo sobre
ello (de hecho, hay muchos disponibles), pero más
abajo están los más populares.

Vasos de pinta *(pintglasses)*

Un vaso de pinta es el clásico vaso para
cerveza que se suele utilizar en la mayor parte de
Europa. En el Reino Unido contiene568ml, mientras
que en los Estados Unidos contiene poco menos de
473ml y normalmente solo se usa para cerveza.

Vaso de pinta imperial

El vaso de pinta imperial *(imperial pintglass)* es probablemente el más común en el RU y es usado para servir todo tipo de cervezas. El vaso tiene un borde notablemente ancho, se cierra al bajar y se ensancha ligeramente al llegar al fondo.

Pinta nónica

El vaso nónico es otra de las opciones más comúnmente vistas en vasos de cerveza en el RU. Este recipiente tiene una discontinuidad más corta pero más abrupta que el vaso imperial, la cual permite apilar los vasos fácilmente sin que se atasquen.

Vaso de pinta americano

El vaso de pinta americano es más común para cerveza en los EE. UU. Tiene una ligera forma de cono y su tamaño puede variar de pinta americana a la pinta imperial.

Vaso weizen

El vaso weizen o de trigo está diseñado para contener medio litro de cerveza de trigo y la gran espuma que produce. Tiene una base delgada y se achica ligeramente antes de ensancharse en la punta, esto se hace para ayudar a atrapar el sedimento en el fondo del vaso y detener su ascenso cuando se inclina el vaso. La punta ancha ayuda a retener la copiosa espuma tan típica de esta cerveza y ayuda a mantener el aroma y su sutil sabor.

Vaso pilsner

El vaso pilsner es, como el nombre sugiere, propuesto para cerveza pilsner, pero es genial para cualquier lager de contextura ligera. Es similar al vaso weizen, pero es todo uniforme. Normalmente tiene menos capacidad que el vaso de cerveza promedio, con capacidad de 250 ml o 330 ml, pero se levanta bastante desde su base presumiendo el color y claridad de la cerveza.

Vaso pokal

Un vaso pokal es ligeramente redondeado en la base y luego se levanta casi verticalmente desde su pie y tallo. Esto significa que pone de relieve la apariencia de la cerveza que descansa en el vaso, ya que los aromas no se verían distorsionados en su camino de subida. Es perfecto para servir cualquier cerveza con un color vívido porque acentuaría el tono de la cerveza.

Copa o cáliz

Hay muy poca diferencia entre los estilos de las copas y cálices, pero los cálices son normalmente más pesados y tienen un vidrio más grueso, mientras que las copas son más delicadas. Ambos tienen forma de tazón, tienen tallo y son usualmente utilizados para la abey belga y otras ales pesadas. Normalmente son estriados en el fondo para concentrar la carbonación y mantener una espuma uniforme en la cerveza.

Snifter

El snifter normalmente se usa para servir brandy y coñac. Tiene una capacidad aproximada de medio litro cuando se llena hasta el borde. Tiene un tallo corto y un pedestal ancho. Concentra los aromas y los volátiles de la cerveza y los envía directamente a la nariz del bebedor. Es por lo tanto ideal para cualquier cerveza aromática y normalmente se usa para cervezas fuertes y complejas como las barleywiney cervezas de trigo con alta graduación alcohólica.

Vaso thistle

El vaso tiene la forma de una flor de cardo, y por lo tanto se le llama así (*thistle* significa «cardo» en inglés). Ayuda a intensificar el aroma de la cerveza, pero se usa casi exclusivamente para servir ales escocesas.

Vaso tulipán

El vaso tulipán tiene la forma de esta flor, de ahí su nombre. Estéticamente este vaso comparte algunas características con el vaso thistle y el weizen, y por lo tanto también comparte las mismas ventajas de ayudar a que se perciba el aroma de las cervezas y a mantener una espuma fuerte. El tallo también ayuda a prevenir que la cerveza se caliente prematuramente debido a la temperatura de la mano. El vaso tulipán es perfecto para la barleywine, las ales belgas y otras cervezas aromáticas.

Krug

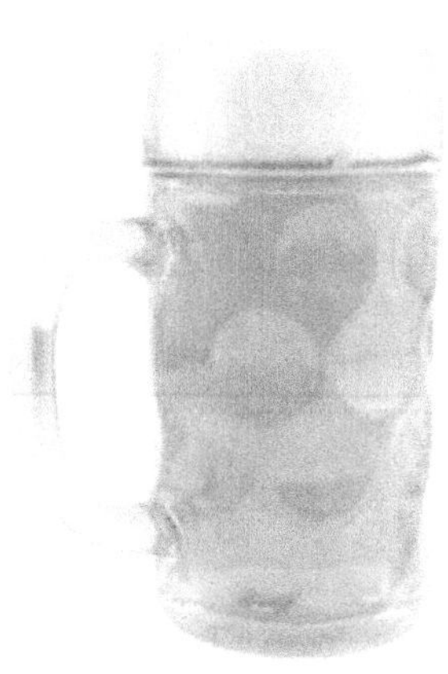

Esta opción altamente popular de vaso de cerveza (o jarra) deriva del pichel antiguo originalmente hecho de plata o estaño. Se hace con vidrio ancho y es popular en los bares y tabernas dado que es resistente y de larga duración.

Vaso stange o tubo

El vaso stange tiene una forma más básica y deriva de la palabra alemana para «palo», es cilíndrico y se eleva verticalmente desde su base y se utiliza usualmente para servir pilsner, bock y cervezas más delicadas.

Vaso de vino oversized

Como su nombre sugiere, este vaso es simplemente un vaso de vino muy grande, pero se puede usar para servir cervezas fuertes o de alta gravedad y ales belgas.

Pistas y consejos

Limpia tus equipos

Sé que lo he mencionado muchas veces a lo largo de este libro, pero es realmente importante, ya que incluso la más mínima contaminación puede arruinar un lote perfectamente bueno. No limpiar los equipos adecuadamente probablemente es causa del 90 % de los lotes arruinados o de sabor extraño de la cerveza de nuevos cerveceros.

Hazlo tu lema: EN CASO DE DUDA, ¡LIMPIA DE NUEVO!

Sabores extraños

Hay muchas, muchas razones por las que tu cerveza pueda tener un sabor extraño. Estas son las más comunes para los kits de cerveza, y excluiré algunas de las causadas por el proceso de todo grano y extracto.

Sabor a manzana verde agria

Si al probar tu cerveza notas un desagradable sabor a manzana verde, lo más seguro es que sea el acetaldehído.

Durante el proceso de fermentación, como he mencionado, la levadura convierte azúcares en etanol (alcohol), pero hay unos procesos intermedios que no mencioné. La levadura en realidad convierte el azúcar en acetaldehído primero y seguidamente en alcohol. El acetaldehído tiene el sabor a manzana verde agria que algunas veces notarás si la levadura aún está en el proceso de convertir esos azúcares en alcohol. En este caso, solo te estás apresurando y necesitas dejar que la fermentación termine antes de beber tu cerveza. Deja que añeje un poco más en su botella.

Sabor a cartón o papel mojado

Ten mucho cuidado de no chapotear cuando cambies el mosto a otro contenedor o cuando lo estás embotellando, si entra mucho aire en la mezcla puede causar oxidación. Esto le dará a tu cerveza un sabor a cartón o papel mojado. También el acetaldehído *(véase* más arriba) puede ser modificado por oxidación (no solo si la levadura no ha terminado de hacer su trabajo), lo que significa que también por la oxidación puedes obtener el sabor a manzana agria anteriormente citado.

Sabores metálicos

Si tu cerveza tiene un sabor metálico o a moneda, puede ser causado por las ollas de hervir que hayas usado. Asegúrate de que no hierves tu agua/mosto en ollas viejas que puedan estarse desgastando. Asegúrate también de que no las estás limpiando con equipo que sea muy abrasivo. Si usas agua de grifo, puede ser que el agua que llega a tu casa tenga una alta concentración de depósitos de hierro.

Sabores agrios

La causa principal de sabores agrios en la cerveza son las bacterias. Estos sabores son normalmente el resultado de una pobre desinfección. Recuerda que «cualquier cosa» que entre en contacto con tu cerveza, directa o indirectamente, podría estar esparciendo bacterias. Este problema se puede incrementar por el uso excesivo azúcar refinado, ya que la bacteria se multiplicará más eficientemente. Además, si tienes un fermentador plástico que ya hayas usado varias veces, revisa que aún esté en buen estado; raspones diminutos en el plástico pueden alojar bacterias que son increíblemente difíciles de eliminare infectarán tu cerveza. Si estás seguro de que tu equipo está bien desinfectado, los sabores agrios se podrían desarrollar si esperas mucho tiempo antes de incorporar la levadura o si la temperatura de fermentación es muy alta.

No dependas de unborboteador

¡Esta es otra regla de oro! Puedes estar bastante seguro de que la cerveza está fermentando cuando veas burbujas en tu borboteador, pero si no aparecen no significa que no esté fermentando. Puede que el CO_2 esté escapando por otro lugar, o que la levadura, aun estando activa, no produzca mucho gas. Pueden pasar hasta tres días antes de que la fermentación se inicie; así que, aunque la solución sería echar más levadura si compruebas que no está funcionando, espera SIEMPRE tres días y asegúrate de que no tienes un derrame.

Si la esclusa estaba burbujeando pero se ha detenido, y han pasado un par de semanas desde que incorporaste la levadura, no asumas que ha terminado la etapa de fermentación. Espera siempre un día más y empieza a tomar medidas con el hidrómetro. Cuando durante dos días consecutivos obtengas el mismo resultado, sabrás que está listo.

¡No te fíes del borboteador!

La fermentación no empieza o termina pronto

Una falta real de fermentación solo puede ser causada por la levadura. Si el proceso ni siquiera ha empezado, puede ser que tu levadura estuviese muerta porque estuvo pegada en la lata de tu kit durante mucho tiempo. O puede que simplemente esté inactiva debido a que la temperatura sea muy fría o muy cálida.

Cerveza sin gas

Las causas más comunes para un principiante serían:

- Que ha olvidado añadir azúcar o no añadió el suficiente en la etapa de embotellamiento.

- Que las botellas tienen una fuga o no fueron tapadas apropiadamente y se está escapando el CO_2.

- Que la temperatura en la que las botellas se almacenaron y añejaron era muy baja y por lo tanto no se formó CO_2.

No se espera lo suficiente

¡Esto es difícil incluso para mí! Soy un poco impaciente, pero la verdad es que hay que aguantarse. Si transfieres tu cerveza a tus botellas demasiado pronto y la levadura aun está fermentando podrías tener problemas. Puede causar unos sabores y olores raros debido a la producción de acetaldehído. O podrías tener una mini bomba en tus manos. Cuando embotelles tu cerveza tienes que añadir más azúcar para lograr la carbonación, si lo haces antes de que la levadura haya terminado significa que aún estará produciendo CO_2 que queda almacenado en cada botella. En casos extremos podrían explotar.

Mis botellas están explotando

Si tus botellas explotan significa que se está desprendiendo mucho CO_2. Esto podría ser, como se explicó antes, porque embotellaste tu cerveza antes de que la levadura tuviese tiempo de terminar. O porque añadiste mucha azúcar a cada botella (o al cubo de preparación). Si esto te ocurre no puedes hacer nada, salvo ponerlas en el refrigerador. La temperatura fría detendrá la continua producción de CO_2, pero aún estarán carbonadas. Una vez que estén frías puedes intentar quitarlas tapas «cuidadosamente» para liberar algo de gas.

Sigue las instrucciones

Cuando estés empezando trata de seguir las instrucciones en su totalidad, aunque sé que sugerí algunas alternativas en mis capítulos anteriores: son procedimientos que he probado con éxito. Una vez que hagas unos pocos lotes empezarás a familiarizarte (y a hacerte más atrevido), hasta entonces sigue las instrucciones tan fielmente como sea posible.

Ingredientes caducados/pasados

La preparación casera se está volviendo un pasatiempo muy popular y hay muchos lugares en línea para comprar productos. Asegúrate de seleccionar un lugar popular con ingredientes frescos. Revisa todas las fechas de caducidad antes de abrir cualquier paquete o lata y contactar con la compañía si sospechas que tu producto no es lo suficientemente fresco.

Cuida de que tu cerveza no se oxide

Cuando mueves la cerveza/mosto de cualquier forma, ya sea moviéndola de la olla de preparación al cubo de fermentación, a un envase secundario o en el embotellamiento, estás incrementando el riesgo de que aire se filtre en tu mosto, esto incrementa las posibilidades de que tu cerveza se oxide. Solo tienes que tener mucho cuidado de no chapotear y de mantenerlos envases cubiertos tanto como sea posible siempre que puedas.

Almacenar cerveza a temperaturas incorrectas

Cada levadura tiene una temperatura correcta ala que le gusta fermentar. La de la lager necesita temperaturas más frías que de la ale para fermentar apropiadamente, así que planifica con antelación. Asegúrate de que tienes la cantidad correcta de espacio a la temperatura correcta antes de empezar, o te estarás buscando problemas.

Si sabes que es algo que continuarás haciendo, invierte en calidad

Siempre es mejor mantener tus gastos bajos cuando empiezas, pero pronto sabrás si esto es algo con lo que quieres continuar o no. Si puedes ver un largo y próspero futuro, considera comprar equipos de mejor calidad. Son más agradables de usar y te durarán mucho más. En el transcurso del año podrías comprar hasta tres cubos de plástico para fermentación o un hermoso garrafón de vidrio de 23 l por el mismo precio. Y el garrafón durará mucho más tiempo.

Sedimento en la botella

Es imposible producir cerveza casera sin sedimento al fondo de la botella a menos que la filtres. No te obsesiones tratando de reducir la cantidad de sedimentos: siempre habrá un pequeño resto final en las botellas de un cervecero casero y esto no perjudicará tu cerveza final.

Glosario

Aditivo

Ingredientes que se añaden para simplificar el proceso de preparación o prolongar la vida en los estantes.

Adjunto

Ingredientes fermentables adiciones tales como maíz, arroz, centeno, avena, cebada, y trigo.

Alcohol

Etanol o alcohol etílico. Es un producto producido por la levadura cuando actúa sobre los azúcares dela malta durante la fermentación.

Alcohol volumétrico

Es la cantidad de alcohol medida en porcentaje del volumen de alcohol por volumen de cerveza. Esto es aproximadamente 20 % más que el alcohol por peso.

Ale

Cervezas producidas con levadura con una fermentación alta.

Barleywine

Un tipo de ale muy fuerte con mucha dulzura debido a azúcares residuales sin fermentar. Su nombre se original se debe al hecho de que el contenido de alcohol de la barleywine es más cercano al del vino que al de la cerveza.

Condicionamiento

Es un período de maduración que crea carbonación natural. Puede tardar desde 1 a 6 semanas dependiendo de la cerveza.

Condicionamiento en barril

Segundo período de condicionamiento y fermentación en un barril.

Condicionamiento en botella

Segundo período de condicionamiento y fermentación en botellas individuales.

CAMRA

CAMRA es la Campaña por la real ale (Campaing for Real Ale). Una organización de Inglaterra fundada en 1971 que apoya los derechos de los consumidores del Reino Unido y Europa con respecto a la industria cervecera.

Cebada

Cereal granulado, la cebada es la semilla de la planta de cebada que necesita ser malteada antes de usarse para preparar cerveza.

Densímetro

Instrumento usado para medir la densidad de los líquidos. *Véase* también Hidrómetro.

Dióxido de carbono

El CO_2 es producido por la levadura durante el proceso de fermentación.

Enzimas

Proteínas que actúan como catalizadores.

Extracto de malta

Mosto condensado en la forma de polvo o jarabe consistente de dextrinas, maltosa y otros sólidos disueltos.

Extracto de malta deshidratado

Mosto al que se le ha extraído toda el agua, hasta convertirlo en polvo.

Fermentación

Conversión de azúcares en alcohol y dióxido de carbono.

Fermentación alta

La fermentación de esta levadura se desarrolla en la superficie del mosto y crea una ale.

Fermentación baja

La fermentación de esta levadura se desarrolla en el fondo del mosto y crea una lager.

Fermentación secundaria

Transvasar la cerveza a otro contenedor, dejando atrás los sedimentos que se encuentran al fondo del fermentador. Esto puede durar desde varias semanas a varios meses.

Fermentador

El recipiente en que se produce la fermentación.

Floculación

El agrupamiento y asentamiento de la levadura durante o después de la fermentación.

Gravedad/Gravedad específica

Una medida de la densidad de un líquido con respecto al agua.

Gravedad final (densidad final o DF)

La medida de la densidad de un líquido tomada al final de la fermentación.

Gravedad original (densidad inicial o DI u *original gravity* en ingles)

La medida de la densidad de un líquido tomada antes del inicio de la fermentación.

Hidrómetro

Instrumento usado para medir la densidad de los líquidos. *Véase* también Densímetro.

Levadura

Microorganismos de la familia de los hongos.

Lúpulo

Hierba añadida al mosto que añade un sabor y/o aroma amargo.

Lúpulo pellets

Lúpulo triturado y en la forma de píldora.

Lúpulo flor

Es la flor hembra de la planta *(Humuluslupulus).*

Conos de lúpulo

Es la flor hembra de la planta *(Humuluslupulus)* a veces llamado flor.

Lagering

Deriva del término alemán para almacenamiento. Es el añejamiento de la cerveza durante varias semanas o meses a temperaturas frías.

Lauter

Es el procedimiento de separar el mosto obtenido después del macerado.

Malteado

El proceso de malteado desarrolla enzimas en el grano que comienzan a convertir el almidón del grano en azúcares que brindarán nutrición a la levadura.

Mashing (macerado o remojado)

Proceso de mezclar el grano molido con agua para extraer los azúcares fermentables.

Maltosa

Un azúcar fermentable en la malta.

Microcervecería

Cervecería pequeña que produce un número limitado de barriles al año.

Malta base

La malta base es el cimiento desde el cual comienzan todos los preparadores de grano. Contiene azúcares fermentables y enzimas a partirlas cuales puedes iniciar el proceso de preparación.

Mosto

Los azúcares, malta y cualquier ingrediente adicional obtenido del macerado.

Oxidación

El resultado de que entre mucho aire al mosto en el momento equivocado. Produce un sabor a cartón o papel mojado.

Oxigenación

Es la introducción de aire a la cerveza o mosto. La oxigenación del mosto o cerveza durante la mayoría del proceso de preparación o fermentación es perjudicial, ya que puede causar oxidación, pero es beneficiosa cuando se incorpora la levadura, ya que ayuda a que se reproduzca.

Pitch(ing)

Añadir levadura al mosto.

Racking

El sifoneo de la cerveza a las botellas o el barril.

Rehidratación de levadura

Introducir agua adicional a la levadura seca con el fin de «despertarla» y activarla.

Retención de espuma

La habilidad de mantener una capa de espuma sobre la cerveza.

Sparge **(lavado)**

Enjuagar los azúcares restantes del grano después del *lautering* y la adición del líquido resultante al resto del mosto.

Trub

La capa de sedimento que aparece al fondo del fermentador después de que la levadura haya completado la fermentación.

Wort **(mosto)**

Los azúcares, malta y cualquier ingrediente adicional obtenido del macerado.

Conclusión

Bien, este es el fin de mi pequeña introducción a la preparación casera de cerveza. Sinceramente espero que te haya sido útil y que pases muchos días felices mezclando diferentes recetas e inventando grandes cervezas. Recuerda que la información contenida en este libro es para principiantes; una vez que hayas preparado tus primeros lotes, puede que quieras probar con la preparación con extracto de malta. Hay montones de información allí afuera para ayudarte a dar este pequeño paso, así como foros asombrosos que han sido invaluables para mí en mi viaje a través de la preparación de cerveza.

¡Lo principal es divertirse y no rendirse nunca si un lote sale mal, pues el siguiente será mejor gracias a la experiencia!

Agradecimientos especiales a:

Quiero hacer una mención especial a todas las personas que me ayudaron con este libro. Particularmente a Heather, cuyo apoyo fue invaluable en su creación, y a Esther, quien soportó mis divagaciones sobre cervezas noches enteras y cuya paciencia con los olores extraños y los derrames pegajosos durante años ha sido vital para mi disfrute y éxito en este maravilloso pasatiempo. Además, muchas gracias a Manel de Toca Retoc (www.tocaretoc.carbonmade.com) por el gran retoque de imágenes.

Made in the USA
Monee, IL
07 July 2026